DIESES BUCH GEHÖRT

....

ANTI-STRESS-MALBUCH

love

E-Mail: kontakt@mertens-publication.de

FSC
www.fsc.org
MIX
Papier aus verantwortungsvollen Quellen
Paper from responsible sources
FSC® C105338

Herstellung und Verlag:
BoD – Books on Demand, Norderstedt
ISBN: 9783751969543